웰빙건강

다이어트요리

PART 1 무공해 자연 건강요리

된장 야채쌈 보리밥

재료와 분량 | 4인분

양배추 10장, 배추속대 약간, 케일 약간, 상추 10장, 치커리 약간, 비트잎 약간, 각종 쌈 채소, 보리밥 4공기

쌈장

된장 3큰술, 고추장 2큰술, 사이다 2큰술, 다진 마늘 1큰술, 다진 파 1큰술, 깨소금 1/2큰술, 참기름 1큰술, 고춧가루 1/2큰술, 설탕 1작은술, 다진 고추 1큰술

1 양배추는 심을 도려내고 따뜻한 물에 담가놓았다가 부드러워지면 한 장씩 벗겨서 찜통에 찐 후 식힌다.

2 케일은 흐르는 물에 깨끗하게 씻어 찜통에 넣어서 살짝만 쪄내고, 배추속대도 한 장씩 흐르는 물에 깨끗이 씻어서 아삭거릴 정도로 찐다.

3 상추와 치커리, 비트잎, 각종 쌈 야채는 흐르는 물에 씻어 물기를 빼고 준비한다.

4 준비한 재료를 분량대로 섞어 쌈장을 만든다. 된장과 고추장을 같이 넣으면 된장 특유의 텁텁한 맛을 고추장의 매운맛과 향이 줄여주어 훨씬 맛있는 쌈장이 된다.

5 양배추, 배추속대, 케일에 보리밥을 한 숟가락씩 놓고 ④의 쌈장을 적당히 올린 후 둥글게 싸서 그릇에 담아 낸다. 쌈장은 먹기 직전에 살짝 얹어 먹어도 좋다.

6 따로 준비한 상추, 치커리, 비트잎 등 각종 쌈 야채는 접시에 보기 좋게 담아 보리밥, 쌈장과 함께 낸다.

따로 준비한 상추, 치커리, 비트잎 등 각종 쌈야채를 접시에 보기 좋게 담아 보리밥과 쌈장을 함께 준비하면 생야채의 씁쓰름하면서도 상큼한 자연의 향까지 함께 느낄 수 있다.

된장소스 치킨샐러드

재료와 분량 | 4인분

닭가슴살 300g, 소금 · 후춧가루 약간씩, 양파즙 1큰술, 달걀 1개, 밀가루 약간, 빵가루 1/2컵, 식용유 3컵, 양상추 5장, 치커리 약간, 상추 약간, 당근 1/2개

된장소스

된장 1/2큰술, 올리브유 2큰술, 레몬즙 1큰술, 식초 1/2큰술, 물 1큰술, 다진 마늘 1작은술, 설탕 1큰술, 통깨 1작은술, 소금 · 후춧가루 약간씩

1 닭가슴살은 깨끗하게 씻어 물기를 턴 후 2cm 두께로 썰어 소금, 후춧가루, 양파즙을 넣고 양념해서 잠시 재어둔다.

2 양상추, 치커리, 상추는 깨끗하게 씻어 물기를 턴 후 손으로 적당하게 뜯어 찬물에 담가두고, 당근도 길이로 잘라서 얄팍하게 어슷 썰어 찬물에 담가둔다.

3 된장소스는 된장에 식초, 물, 레몬즙을 넣고 잘 섞어서 체에 한 번 내린 후 다른 소스 재료를 넣고 잘 섞어 만든다.

4 ①의 닭가슴살에 밀가루, 달걀, 빵가루 순으로 튀김옷을 입히고 노릇하게 튀긴 다음 종이 타월에 받쳐 기름기를 빼고 먹기 좋은 크기로 자른다.

5 찬물에 담가놓았던 야채를 건져서 물기를 뺀 후 그릇에 담고 그 위에 튀겨서 기름을 뺀 닭고기를 올린 다음 먹기 바로 직전에 ③에서 만들어 놓은 된장소스를 뿌린다.

배추 된장국

재료와 분량 | 4인분

배추속대 400g, 무 1/2개, 쇠고기 200g, 청양고추 1개, 된장 2큰술, 고춧가루 1/2큰술, 다진 마늘 1/2큰술, 소금 약간, 물 6컵, 참기름 약간

1 배추속대는 속이 노란 것으로 골라서 흐르는 물에 깨끗하게 씻은 후 끓는 물에 넣고 데친다.

2 ①의 배추를 건져서 찬물에 헹궈 물기를 뺀 후 먹기 좋게 썰어둔다.

3 무는 납작납작하게 썰고 청양고추는 어슷 썰어서 준비한다.

4 쇠고기는 국거리로 작게 썰어서 소금과 후춧가루를 뿌려 밑간을 해둔다.

5 냄비에 참기름을 두르고 밑간을 한 쇠고기를 넣어 볶다가 물을 붓고 끓인 뒤 국물이 우러나면 된장을 체에 걸러서 풀어 넣는다.

6 ⑤에 무를 넣고 무가 익도록 끓인다.

7 ⑥에 다진 마늘을 넣고 배추를 넣어서 끓인다. 고춧가루와 청양고추를 넣어서 얼큰하게 끓인 후 그릇에 담아낸다. 간이 부족하면 소금으로 간을 맞춘다.

생야채 된장 비빔밥

재료와 분량 | 4인분

부추 100g, 상추 6장, 깻잎 4장, 오이 1/2개, 적채 2장, 밥 4공기

고기 된장 쌈장

표고버섯 2개, 애호박(2cm 길이) 1토막, 양파 1/4개, 다진 파 1큰술, 다진 마늘 1/2큰술, 다진 쇠고기 50g, 풋고추 · 붉은 고추 1개씩, 참기름 1큰술, 물 1/4컵, 된장 3큰술

1 표고버섯, 애호박, 양파를 굵게 다진다.

2 붉은 고추와 풋고추는 반을 갈라서 씨를 털어낸 다음 다진다.

3 냄비에 참기름을 두르고 다진 쇠고기를 넣어 볶다가 굵게 다진 표고버섯, 애호박, 양파를 넣고 볶은 다음 물을 자작하게 붓고 끓인다.

4 ③에 대파 다진 것, 다진 마늘, ②의 다진 고추를 넣고 끓이다가 된장을 풀어서 되직해지도록 더 끓여 고기 된장 쌈장을 완성한다.

5 부추는 깨끗이 손질해서 3cm 길이로 썰고, 오이도 깨끗하게 씻어 같은 길이로 잘라서 돌려깎기 한 후 채를 썬다.

6 상추는 1cm 두께로 썰고, 깻잎은 돌돌 말아서 썬다. 적채도 채를 썰어 찬물에 담가두었다가 건져 준비한다.

7 모든 재료가 잘 비벼질 수 있을 만한 그릇을 준비해서 밥을 담고 ⑤, ⑥의 생야채를 돌려 담은 후 ④의 고기 된장 쌈장을 듬뿍 넣고 비벼 먹는다.

여러 종류의 생야채와 영양이 듬뿍 담긴 고기된장쌈장은 입맛이 없을 때나 가볍게 먹고 싶을 때 그만이다.

가자미 된장구이

재료와 분량 | 4인분

가자미 1마리, 청주 2큰술, 식용유 약간

소스

된장 3큰술, 물 3큰술, 다진 파 1/2큰술, 다진 마늘 1/2큰술, 깨소금 1/2큰술, 참기름 1큰술, 설탕 1작은술, 후춧가루 약간, 다진 생강 1/2작은술

1 가자미는 머리를 잘라내고 내장을 제거한 후 꼬리 끝을 잘라내고 깨끗하게 씻어서 물기를 닦아 준비한다.

2 ①에 칼집을 넣는다.

3 ②에 청주를 부어서 20분 정도 두어 비린내를 없앤다.

4 된장은 물과 잘 섞은 후 체에 한 번 내린다. 볼에 체에 내린 된장과 기타 소스 양념을 넣어서 잘 섞어 소스를 만든다.

5 그릴팬에 호일을 깔고 식용유를 약간 바른 후 가자미를 놓고 ④의 소스를 고루 바른다.

6 80℃의 오븐에 넣어서 15분 정도 구워 낸다.

두부샐러드

1 물미역은 깨끗이 씻어 먹기 좋게 자른다.

2 양상추와 무순, 쑥갓은 깨끗이 씻어놓는다.

3 두부는 3~4cm 정사각형으로 썰어 뜨거운 물에 삶는다.

4 큰 접시에 양상추, 무순, 쑥갓을 깔고 물미역 자른 것을 놓은 뒤 맨 위에 삶은 두부를 헹구어놓는다.

5 분량대로 재료를 섞어 간장 드레싱을 만든다.

6 먹기 직전에 간장 드레싱에 버무린다.

재료와 분량 | 4인분

두부 1모, 물미역 160g, 양상추 150g, 무순 10g, 쑥갓 10g

간장 드레싱

식용유 2큰술, 식초 1큰술, 간장 1큰술, 설탕 1/2큰술, 소금·후춧가루 약간씩, 레몬즙 2큰술, 다진 마늘 1작은술

두부탕수

재료와 분량 | 4인분

두부 1모, 가지 1개, 아스파라거스 4개, 물녹말(물 1큰술, 녹말가루 1/2큰술), 다진 마늘 1작은술

탕수소스

육수 6큰술, 굴소스 1큰술, 케첩 2큰술, 설탕 3큰술, 간장 1큰술, 청주 2큰술, 소금 · 후춧가루 약간씩

1 두부는 2cm 정도의 정사각형으로 잘라 물기를 닦아내고 170℃의 튀김기름에 노릇하게 튀겨낸다.

2 가지는 반으로 잘라 2cm 정도의 삼각형으로 잘라놓고, 아스파라거스는 3cm 크기로 썰어 끓는 물에 살짝 데쳐놓는다.

3 소스는 재료를 분량대로 섞어서 만든다.

4 소스가 완성되면 팬에 기름을 두르고 ②의 가지와 아스파라거스, 다진 마늘을 넣고 볶다가 ①의 튀긴 두부, 완성된 탕수소스를 넣어 끓인다. 끓으면 물녹말을 넣고 한 번 더 끓여 그릇에 담는다.

두부오징어볼

재료와 분량 | 4인분

두부 1모, 오징어 50g, 다진 양파 2큰술, 밀가루 2큰술, 다진 마늘 1/2큰술, 레몬주스 1/2작은술, 달걀 1/2개, 소금 · 후춧가루 약간씩, 달걀노른자 1개, 파슬리 약간

소스

스테이크소스 2큰술, 케첩 1큰술, 우스터소스 1/2큰술

1 두부는 면 보자기로 싸서 무거운 것으로 눌러 물기를 빼준다.

2 오징어는 껍질을 벗겨 잘게 다져 준비한다.

3 볼에 두부와 오징어, 다진 양파, 다진 마늘, 밀가루, 레몬주스, 소금, 후춧가루, 달걀을 분량대로 넣고 잘 치대어준 뒤 2cm 지름 정도 크기로 완자를 빚는다.

4 달걀노른자를 풀어 완자 윗부분에 발라주고 180℃로 예열된 오븐에서 15분간 구워준다.

5 재료를 분량대로 섞어 소스를 만들어 ④의 완자 위에 바르고, 다진 파슬리를 솔솔 뿌려 낸다.

찐 닭고기 생야채 현미비빔밥

재료와 분량 | 4인분

현미밥 4공기, 닭고기 다리살 4장, 미나리 100g, 대파 1대, 깻잎 4장

닭고기 양념

소금 1/2작은술, 청주 2큰술, 물 2큰술

양념장

깨소금 1큰술, 간장 2큰술, 식초 1큰술, 참기름 1큰술, 다진 붉은 고추 1/2큰술, 설탕 1/2큰술, 닭고기 육수 2큰술

1 닭고기는 뼈를 발라내고 내열용기에 담고 고루 섞은 닭고기 양념을 뿌려준다. 랩을 씌워서 전자레인지에서 5분 정도 찐다.

2 한김 식으면 꺼내서 한입 크기로 썬다.

3 미나리는 깨끗하게 씻어서 3cm 길이로 썰고, 대파는 흰 부분만 3cm 길이로 채를 썰어 찬물에 헹궈서 물기를 뺀다.

4 볼에 양념장 재료를 분량에 맞게 넣고 섞어서 미리 양념장을 만들어 둔다.

5 그릇에 현미밥을 담고 미나리와 대파, 깻잎 썬 것, 찐 닭고기를 얹은 후 양념장을 끼얹어 낸다. 비벼서 먹는다.

그릇에 현미밥을 담고 미나리와 대파, 깻잎 썬 것, 찐 닭고기를 얹은 후 양념장을 끼얹어 비벼서 먹는다.

시금치 두부 춘권튀김

재료와 분량 | 4인분

두부 1모, 춘권피 12장, 시금치 30g, 간장 1/2작은술, 설탕 1작은술, 달걀 1/2개, 녹말가루 2큰술 소금 · 후춧가루 약간씩, 밀가루 1큰술, 물 1큰술

1 두부는 면 보자기에 싸서 무거운 것으로 눌러 물기를 뺀다.

2 시금치는 잘게 다져놓고, ①의 물기를 뺀 두부와 간장, 설탕, 달걀, 녹말가루, 소금, 후춧가루와 함께 잘 섞는다

3 춘권피에 ②의 소를 넣어 돌돌 말고, 그 끝은 밀가루와 물 섞은 것을 발라서 붙여 마무리한다.

4 170℃의 튀김기름에 ③을 넣어 노릇하게 튀겨내어 초간장을 곁들여 먹는다.

녹차드레싱 그린샐러드

1 야채는 손으로 뜯어 찬물에 담갔다가 건져서 물기를 뺀다.

2 오이와 당근은 반으로 자른 다음 어슷하게 썰어 찬물에 담가두었다가 건져서 물기를 뺀다.

3 영콘은 캔에서 건져 물기를 뺀 후 길게 반으로 잘라둔다.

4 볼에 가루녹차와 식초를 먼저 넣고 잘 섞은 후 소금, 후춧가루, 올리브유를 넣고 저어 녹차 드레싱을 만든다.

5 볼에 야채를 담고 녹차 드레싱을 끼얹는다.

재료와 분량 | 4인분

양상추 50g, 치커리 5줄기, 겨자잎 5장, 케일 5장, 무순 10g, 영콘 10개, 오이 1/2개, 당근 1/3개, 각종 야채 약간씩

녹차드레싱

가루녹차 2작은술, 소금 1/2작은술, 후춧가루 · 식초 4큰술씩, 올리브유 6큰술

오징어 녹차잎 쇠고기찜

재료와 분량 | 4인분

중간 크기 오징어 3마리, 소금 · 청주 약간씩, 밥 2컵, 쇠고기 다진 것 100g, 잎녹차 2큰술, 피망 1/2개, 붉은 피망 1/2개, 소금 · 후춧가루 약간씩, 다진 파 1큰술, 다진 마늘 1작은술, 깨소금 · 참기름 1큰술씩

고추냉이 초간장

간장 · 식초 · 물 1큰술씩, 고추냉이 갠 것 약간

1 녹차는 끓인 물에 불려두었다가 찬물에 담가 떫은 맛을 제거한다.

2 피망은 곱게 다진다.

3 오징어는 배를 가르지 말고 내장을 제거한 후, 껍질을 벗기고 소금으로 문질러 깨끗이 씻는다.

4 소금과 청주를 조금씩 넣고 끓인 물에 오징어를 살짝 데쳐낸다.

5 오징어다리는 곱게 다져 준비한다.

6 잎녹차는 물기를 뺀 후 다져서 준비한다.

7 볼에 밥을 넣고 다진 쇠고기와 다진 오징어다리, 다진 피망을 넣어 잘 섞은 다음 갖은 양념을 넣고 고루 섞어 오징어 소를 만든다.

8 오징어 몸통에 꼬치로 공기구멍을 낸 후 안쪽에 밀가루를 얇게 펴 바르고 ⑦의 소를 3/4 정도 채운 다음 꼬치로 입구를 꿰맨다.

9 김이 오른 찜통에 젖은 거즈를 깔고 오징어를 얹어 중불에서 20~25분 정도 찐다.

10 ⑨를 한 김 식힌 후 1cm 두께로 썰어 고추냉이 초간장을 만들어 곁들여 낸다.

1 오징어는 소금으로 껍질을 벗긴다.
2 다리는 잘게 다져 준비한다.
3 오징어를 끓는 물에 데친다.

녹차 나물비빔밥

재료와 분량 | 4인분

밥 4공기, 숙주나물 200g, 애느타리버섯 200g, 청포묵 100g, 잎녹차 5큰술, 소금 · 참기름 · 깨소금 · 잣가루 약간씩

양념장

간장 3큰술, 설탕 1작은술, 참기름 1큰술, 깨소금 1/2큰술, 다진 마늘 1/2큰술, 다진 파 1/2큰술

1 팔팔 끓는 물에 잎녹차 5큰술을 넣고 약 30분간 우려내어 고운 체에 밭친다.

2 ①을 찬물에 1~2시간 담가두었다가 체에 밭쳐 물기를 뺀다.

3 ②에 소금과 참기름, 깨소금, 잣가루를 넣고 살짝 버무린다.

4 애느타리버섯은 가늘게 찢은 다음 끓는 물에 살짝 데쳐 물기를 뺀 후 소금, 참기름, 깨소금을 넣고 무친다.

5 숙주나물은 깨끗하게 손질해 삶아 건져 물기를 뺀 후 소금, 참기름, 깨소금을 넣고 무친다.

6 청포묵은 적당한 굵기로 채 썬다.

7 그릇에 밥을 담고 잎녹차, 숙주나물, 청포묵, 버섯을 골고루 올린 후 양념장을 곁들여서 낸다.

브로콜리 물만두와 초고추장소스

재료와 분량 | **4인분**

만두피 20장, 브로콜리 200g, 오징어 1마리, 양파 1/2개, 소금 · 후춧가루 약간씩, 샐러드유 약간, 참기름 1작은술

초고추장소스

고추장 4큰술, 설탕 1½큰술, 식초 1큰술, 다진 마늘 1/2큰술, 사이다 1큰술, 깨소금 1/2큰술, 참기름 1큰술, 통깨 약간, 레몬즙 1큰술

1 브로콜리는 작은 송이로 나누어서 끓는 물에 데쳐 찬물에 헹궈서 다지듯이 썬다.

2 오징어는 껍질을 벗겨서 다지고, 양파도 곱게 다진다.

3 프라이팬에 기름을 두르고 양파를 넣어서 볶다가 오징어를 넣고 볶는다.

4 ③에 브로콜리를 넣어서 살짝 볶은 후 소금과 후춧가루를 넣어서 간을 한다.

5 분량의 소스 재료를 섞어서 초고추장소스를 만든다.

6 만두피에 ④의 만두소를 한 숟가락씩 넣어서 만두를 빚는다.

7 끓는 물에 참기름 1작은술을 넣고 만들어둔 만두를 넣어서 만두피만 익도록 재빨리 삶아서 초고추장소스와 곁들여 낸다.

토마토 참치 라이스페이퍼쌈

재료와 분량 | 4인분

토마토 1개, 라이스페이퍼 4장, 참치 통조림 1캔, 다진 양파 30g, 오이피클 1개, 상추 적당량, 마요네즈 2큰술, 소금 · 후춧가루 약간씩

1 참치는 망에 건져 기름기를 뺀다.

2 오이피클은 길이로 4등분해서 준비한다.

3 토마토는 꼭지를 떼어내고 길이로 8등분한다.

4 볼에 참치와 다진 양파, 마요네즈를 넣고 소금과 후춧가루로 간한다.

5 라이스페이퍼는 미지근한 물에 잠깐 담가두었다가 부드러워지면 건져서 종이타월로 수분을 제거한다.

6 라이스페이퍼를 반으로 접어서 상추를 깔고, ④를 적당량 올리고 오이피클과 토마토를 얹어서 고깔 모양으로 돌돌 말아 접시에 담아 낸다.

일본식오색밥

재료와 분량 | 4인분

쌀 2컵, 닭고기 가슴살 100g(청주 1큰술), 당근 1/2개, 연근 5cm, 우엉 10cm, 완두콩 3큰술, 다시마 우린 물 2½컵

밥물

맛술 1큰술, 소금 2/3작은술, 간장 1작은술, 청주 1큰술

1 쌀은 30분 정도 불려둔다.

2 닭고기는 한입 크기로 썰어서 끓는 물에 청주를 1큰술 넣고 데쳐서 건져둔다.

3 연근은 껍질을 벗겨서 얄팍하게 썰어 준비한다.

4 우엉은 어슷하게 썰어서 식초 물에 담가둔다.

5 완두콩은 끓는 물에 소금을 넣어 데친다.

6 다시마 우린 물에 밥물 재료를 넣어 준비한다.

7 압력밥솥에 불린 쌀을 넣고 연근과 우엉을 넣은 뒤 ⑥의 밥물을 붓고 밥을 짓는다.

8 추가 돌아가면 2분 정도 두었다가 불을 약하게 줄여서 뜸을 들인 후 불을 끈다.

9 김이 빠지면 닭고기와 완두콩을 넣고 밥을 잘 섞은 후 그릇에 담아 낸다.

다시마 우린 물에 맛술, 소금, 청주, 간장을 섞어 밥물로 사용한다. 보통 밥을 지을 때에도 물 대신에 다시마 우린 물을 쓰거나, 다시마 몇 조각을 올려놓고 밥을 하면 묵은내가 없어질 뿐더러 차지고 맛있는 밥이 된다.

cooking point 우엉은 껍질 부분에 맛있는 성분이 많이 들어 있기 때문에 솔이나 수세미로 가볍게 슥슥 문질러 씻은 뒤 칼등으로 껍질을 긁어낸다. 만약 우엉을 미리 썰어 놓았다면 바로 식촛물에 담그거나 식초를 넣은 물에 살짝 데쳐 변색을 방지한다.

오이소박이 피클

재료와 분량 | 4인분

오이 400g, 무 100g, 당근 · 사과 50g씩, 간 마늘 20g, 다시마 10cm, 설탕 80g, 식초 120cc, 물 800cc, 소금 · 고운 고춧가루 5g씩, 집간장 2/3큰술

1 오이는 굵은 소금으로 문질러 씻어서 물에 한 번 헹구어 물기를 없앤 뒤 5cm 길이로 잘라 십자모양으로 칼집을 넣는다.

2 ①은 볼에 담아 소금을 뿌려 절인다. 오이가 골고루 절여졌으면 건져서 물에 한 번 헹군 다음 물기를 뺀다.

3 당근과 무, 사과는 손질하여 3cm 길이로 채 썰어 약간의 소금을 넣어 숨을 죽인 다음 물에 살짝 씻어서 물기를 뺀 뒤 마늘 간 것과 골고루 섞는다.

4 ②의 절인 오이에 ③의 소를 채워 넣는다.

5 분량의 물에 다시마를 넣고 끓여 다시마는 건져내고 고춧가루와 소금, 설탕을 넣어 녹인다. 물이 식으면 식초와 집간장을 넣는다.

6 소를 채워 넣은 오이를 ⑤의 국물에 담가 냉장고에 하루 정도 두었다가 먹는다.

1 오이는 굵은 소금으로 문질러 씻어 가시를 제거한다.
2 소금물에 담가 절인 오이를 건져 물에 한 번 헹군다.
3 칼집을 넣은 오이 사이에 준비한 소를 채워 넣는다.

cooking point 오이의 꼭지가 있는 부분은 껍질도 두껍고 쓴맛이 나는데, 야무지게 손질을 하려면 꼭지를 살짝 잘라내면서 주변의 껍질을 돌려 깎아내는 것이다. 씻을 때는 굵은 소금으로 문질러가면서 씻어야 색깔도 선명해지고 깨끗하게 씻긴다. 도마 위에 소금을 뿌려놓은 뒤 오이를 굴려가며 손질해도 좋다.

유부주머니 냄비

재료와 분량 | 4인분

두부 1모, 유부 8장, 다진 쇠고기 50g, 돼지고기 50g, 불린 당면 1/2컵, 실파 4~5줄기, 달걀노른자 8개, 부추 10줄기, 생표고버섯 6개, 가쓰오부시 30g, 간장 3/4컵, 맛술 1컵

소 양념

설탕 1/2작은술, 간장 2작은술, 다진 생강 1/2작은술

1 냄비에 물을 6컵 정도 부어 끓으면 가쓰오부시를 넣고 불을 끈다. 5분 정도 그대로 두었다가 깨끗한 가제를 깐 망에 걸러 다시 냄비에 담는다.

2 볼에 다진 쇠고기, 다진 돼지고기, 불려서 작게 다진 당면, 다진 실파를 넣은 뒤 양념을 넣고 골고루 섞는다.

3 부추는 끓는 물에 파랗게 데친 다음 물기를 뺀다.

4 두부는 먹기 좋은 크기로 네모지게 썬다. 표고버섯은 기둥을 잘라 준비한다.

5 유부는 방망이로 밀어 속이 잘 벌어지도록 만든 다음 체에 밭쳐 뜨거운 물을 끼얹어 가면서 기름을 빼고 윗면을 잘라 주머니를 만든다.

6 ⑤에 ②의 재료를 반 정도 채운 뒤 위에 달걀노른자를 넣고 부추로 윗부분을 묶는다.

7 ①의 가쓰오부시 국물에 간장과 맛술을 넣고 끓이다가 ⑥의 속을 채워 넣은 유부주머니와 두부, 표고버섯을 넣고 10~15분 정도 끓인다.

1 유부는 방망이로 밀어 속이 잘 벌어지도록 만든다.

2 ①은 체에 밭쳐 뜨거운 물을 끼얹어 가면서 기름기를 뺀다.

3 볼에 유부주머니에 들어갈 재료를 모두 넣고 양념을 넣어 골고루 섞는다.

4 유부주머니에 ③의 재료를 반 정도 채워 넣은 뒤 달걀노른자를 넣는다.

마늘닭죽

재료와 분량 | 4인분

마늘 10쪽, 닭다리 6개, 쌀 2컵, 대추 4개, 인삼 1뿌리, 대파 흰 부분 1/2대, 통후추 2알, 소금 · 후춧가루 약간씩

1 닭다리는 껍질을 벗긴 후 깨끗하게 씻어서 준비해둔다.

2 냄비에 2ℓ의 물을 부은 다음 ①을 넣고 대파 흰 부분과 통후추 2알, 인삼을 넣고 닭다리가 무르도록 삶는다.

3 ②의 닭다리가 푹 삶아지면 건져 살을 발라낸다.

4 닭다리를 삶은 물에 쌀과 대추, 마늘을 넣어 끓인다.

5 ④가 한소끔 끓으면 불을 줄여 죽이 퍼질 때까지 끓인다.

6 ⑤에 발라낸 닭다리 살을 넣고 한소끔 끓으면 그릇에 담아 낸다.

7 소금과 후춧가루를 뿌려서 먹는다. 이때 취향에 따라 달걀노른자를 넣고 섞어 먹어도 맛이 좋다.

PART 2 고기로 만든 가족건강요리

깐풍기
낡감사탕
닭칼국수
중국식 닭날개냉채
닭고기야채말이튀김
탕수닭
삼겹살청경채찜
생강장고기구이
돼지고기완자조림
돼지갈비콩비지찜
부드러운 삼겹살찜과 마늘소스
탕수육
돼지갈비찜
쇠고기해장국밥
쇠고기산적
쇠고기튀김
아스파라거스쇠고기볶음
야채와 버섯 스키야키
LA갈비구이

중국식 닭날개냉채

재료와 분량 | 4인분

닭날개 6개, 양상추 3장, 콜리플라워 150g, 녹말가루 4큰술, 튀김기름, 맛술 적당량

닭날개 간장양념

간장 1큰술, 물 3큰술, 파(파란 부분) 1대, 생강 1톨, 소금 · 후춧가루 적당량

단초소스

식초 3큰술, 설탕 2큰술, 참기름 1큰술, 소금 · 간장 · 후춧가루 약간씩, 다진 파 1작은술, 다진 파슬리 1/2작은술

1 닭날개 간장 양념에 들어갈 생강은 얇게 저며 썰고 파는 큼직하게 썬다.

2 간장, 물, 생강, 파, 소금, 후춧가루를 분량대로 넣어 간장양념장을 만들어 준비한다.

3 닭날개에 칼집을 두어 번 넣고 간장양념에 재어 간이 배도록 한다.

4 ③에 술을 조금 넣어 닭 냄새를 없앤다.

5 끓는 물에 소금과 기름을 한 방울 떨어뜨려 양상추를 데친 다음 재빨리 찬물에 헹군다.

6 콜리플라워는 송이송이 작게 떼어 뜨거운 소금물에 데쳐둔다.

7 간이 밴 닭날개는 마른 녹말가루를 고루 묻혀 튀겨낸다. 닭을 두 번 튀겨 바삭하고 맛있게 한다.

8 작은 그릇에 식초, 간장, 설탕, 참기름, 소금, 후춧가루, 다진 파, 다진 파슬리를 분량대로 넣어 새콤달콤한 단초소스를 만들어 냉장고에 잠시 보관해 차게 한다.

9 양상추 데친 것을 적당한 크기로 썰고, 접시에 콜리플라워 데친 것, 튀긴 닭날개를 함께 담아 차게 두었던 단초소스를 끼얹어 낸다.

1 닭날개에 간장양념과 술을 넣는다.
2 양상추를 끓는 물에 살짝 데쳐낸다.
3 닭날개를 노릇하게 두 번 튀겨낸다.
4 소스에 참기름 1큰술을 넣어 마무리한다.

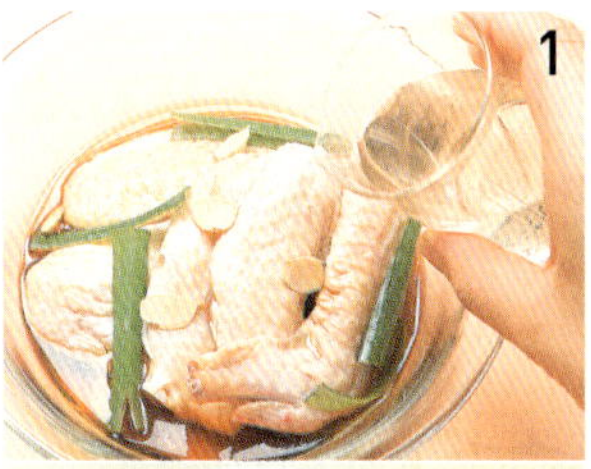

닭고기야채말이튀김

재료와 분량 | 4인분

닭가슴살 200g, 소금 · 흰후춧가루 약간씩, 껍질콩 50g, 당근 1/2개, 밀가루 3큰술, 달걀 1개, 빵가루 1컵, 튀김기름 적당량

1 닭가슴살은 얇게 포를 떠서 칼집을 준 후 소금, 흰후춧가루를 뿌려둔다.

2 껍질콩은 끓는 물에 소금을 넣고 데친다.

3 당근은 잔뿌리를 손질하고 깨끗하게 씻어 껍질콩 길이로 굵직하게 썬다.

4 썰어 준비한 당근은 소금과 후춧가루로 간한다.

5 밑간을 한 닭가슴살에 밀가루를 가볍게 묻히고 당근과 껍질콩을 넣고 돌돌 말아준다.

6 ⑤를 밀가루, 달걀물, 빵가루순으로 튀김옷을 입힌다.

7 기름이 180℃ 정도의 온도까지 열이 오르면 닭고기야채말이를 튀긴다.

8 기름을 뺀 후 튀김을 한입 크기에 알맞게 1.5cm 두께로 썰어 낸다.

cooking point 닭고기는 껍질에 지방이 많아 양념하여 재어도 맛이 고기 속까지 스며들기 어렵다. 이런 경우에 일반적으로 포크로 찔러 껍질에 구멍을 뚫어놓으면 양념 맛이 잘 스며든자. 그리고 아주 맛있는 닭고기 요리 만드는 비법 하나. 조리할 때 닭고기를 백포도주에 담갔다 사용하면 고기 특유의 냄새도 없앨 수 있을 뿐만 아니라 고깃살이 부드러워 더 맛있는 닭 요리를 만들 수 있다.

삼겹살청경채찜

재료와 분량 | 4인분

삼겹살 600g, 대파 1대, 맛술 3큰술, 생강 1/2톨, 마늘 3쪽, 청경채 80g, 래디시 약간

조림장

물 3컵, 설탕 2큰술, 간장 3큰술, 맛술 3큰술, 흰후춧가루 1/2작은술, 생강 약간, 마늘 3쪽

1 삼겹살은 기름이 뽀얗고 고기는 담홍색인 것으로 선택한다.

2 대파는 다듬고 생강은 저며서 준비한다.

3 청경채는 다듬은 후에 끓는 물에 소금을 약간 넣고 데쳐 찬물에 헹궈 준비한다.

4 준비된 삼겹살에 대파, 저민 생강과 마늘을 얹고 맛술을 뿌린 후 찜통에 넣고 40분 정도 찐다.

5 찐 삼겹살을 1.5cm 두께로 큼직하게 썬다.

6 팬에 기름을 살짝 두르고 열이 오르면 큼직하게 썬 삼겹살을 앞뒤 노릇하게 굽는다.

7 냄비에 준비한 조림장 재료를 분량대로 넣고 고루 섞은 후 구운 고기를 넣는다.

8 약한 불에서 조림장 국물이 다 졸아들 때까지 조린다.

9 팬에 기름을 두르고 데친 청경채를 볶으면서 소금, 후춧가루로 간한다.

10 그릇에 조린 고기와 청경채를 담고 래디시로 곱게 장식한다.

1 삼겹살은 자르지 않고 덩어리째 대파, 생강, 마늘을 얹고 맛술을 뿌려 찐다.
2 ①의 삼겹살을 큼직하게 썬다.
3 ②의 삼겹살을 앞뒤가 노릇노릇하게 팬에 지진다.
4 조림장을 만들어 넣고 약한 불에서 조린다.

cooking point 삼겹살은 고깃결이 약간 거칠지만 질기지는 않다. 구이용으로 많이 사용되고 있지만 삼겹살은 짙은 맛을 지니고 있어 장시간 끓이거나 찌는 요리에도 적당한 재료이다. 찜이나 편육으로도 맛있게 만들 수 있다.

생강장고기구이

재료와 분량 | 4인분

돼지고기(방아살) 600g, 피망 1개, 팽이버섯 1/2봉지, 크레송 · 소금 · 버터 · 후춧가루 약간씩

생강장 조림

간장 $4\frac{1}{2}$큰술, 맛술 4큰술, 설탕 $2\frac{1}{2}$큰술, 생강 6톨

1 결이 부드러운 방아살을 0.5cm 두께로 썰어서 준비한다.

2 피망은 반으로 자른 후 채 썬다.

3 팽이버섯은 뿌리 쪽을 자른 후 흐르는 물에 씻는다.

4 조림용으로 사용할 생강은 저며 썬다.

5 냄비에 간장, 맛술, 설탕, 생강을 분량대로 넣고 걸쭉하게 조려 조림장인 생강장을 만든다.

6 팬에 기름을 두르고 썬 고기를 지진 후 생강장을 골고루 발라가며 굽는다.

7 팬에 버터를 두르고 깨끗이 손질된 팽이버섯을 넣어 볶으면서 소금으로 간을 한다.

8 ⑦에 채 썰어 준비한 피망을 볶으면서 소금과 후춧가루로 간을 맞춘다.

9 그릇에 구운 고기를 넣고 크레송을 몇 잎 얹고 야채볶음을 곁들인다.

돼지고기완자조림

1 돼지고기는 기름기를 제거하고 살코기로만 곱게 다진다.

2 양파는 껍질을 벗기고 씻은 후 다진다.

3 풋고추는 손질해 깨끗이 씻어 물기를 제거한다.

4 다진 양파는 기름 두른 팬에 넣고 살짝 볶는다.

5 다진 돼지고기와 볶은 양파, 다진 마늘 1큰술, 생강즙 1작은술과 녹말가루를 넣고 버무리고 끈기가 생기도록 치댄 후 완자를 만든다.

6 팬에 기름을 두르고 충분히 달군 후 완자를 굴려가면서 익힌다.

7 고추장, 맛술 등 양념장 재료를 분량대로 넣어 섞는다.

8 익힌 완자를 냄비에 넣고 준비해둔 양념장 ⑦을 골고루 뿌린다.

9 양념장이 고루 배도록 조린 다음 풋고추를 넣고 살짝 버무린다.

10 꼬치에 조린 완자와 풋고추를 가지런히 예쁘게 꿴다.

11 접시에 채 썬 양배추를 깔고 꼬치를 둥글게 담아 낸다.

재료와 분량 | 4인분

돼지고기 300g, 양파 1/2개, 다진 마늘 1큰술, 생강즙 1작은술, 녹말가루 2큰술, 소금 · 후춧가루 약간씩, 양배춧잎 2장, 풋고추 5개, 꼬치 적당량

양념장

고추장 2큰술, 맛술 2큰술, 설탕 $1\frac{1}{2}$큰술, 간장 1/2큰술, 물 1/2컵

야채와 버섯 스키야키

재료와 분량 | 4인분

쇠고기(얄팍하게 썬 것) 300g, 무 · 당근 1/2개, 대파 2~3대, 양파 2개, 생표고 3~4개, 느타리버섯 100g, 팽이버섯 1봉지, 두부 1모, 달걀 1개

스키야키소스

술 · 간장 · 맛술 1/2컵, 설탕 6큰술, 일본된장 1작은술

1 냄비에 분량의 재료를 넣고 골고루 섞어 스키야키소스를 만든다.
2 ①에 된장을 넣고 알맞게 끓인 다음 불에서 내린다.
3 ②는 체에 한번 내려 덩어리가 지지 않은 소스를 받아낸다.

1 무는 껍질을 벗겨 당근과 함께 물에 씻는다. 1cm 폭, 3cm 길이로 얄팍하게 썬 다음 물에 담가 놓는다.

2 양파는 껍질을 벗긴 뒤 굵게 썰고, 대파는 손질한 뒤 어슷하게 썬다.

3 생표고는 기둥을 떼어낸 뒤 얄팍하게 썰고 느타리버섯은 굵게 찢어서 준비한다.

4 느타리버섯은 밑동을 잘라 내고 가닥가닥 뜯어서 준비하고, 팽이버섯도 밑동을 잘라 놓는다.

5 두부는 흐르는 물에 조심스럽게 씻은 뒤 가제로 톡톡 두드려 물기를 거둔 다음 소금을 뿌려 두었다가 프라이팬에 기름을 둘러 노릇하게 굽는다.

6 분량의 재료를 넣고 골고루 섞어 스키야키소스를 만든다. 냄비에 맛술과 술을 넣고 끓인 다음 간장과 설탕, 된장을 차례대로 넣는다. 소스가 알맞게 끓었으면 불에서 내려 체에 한 번 내려 놓는다.

7 전골팬에 기름을 두른 뒤 쇠고기와 두부, 대파, 양파, 무, 당근을 넣고 익힌다. 여기에 소스를 1/2분량만 넣어 함께 끓인다. 어느 정도 익었다 싶으면 고기를 건져서 달걀 푼 것에 찍어 먹은 뒤 버섯류를 넣어서 나머지 소스를 뿌려 끓여 먹는다

LA갈비구이

재료와 분량 | 4인분

LA갈비 200g, 양파 · 배 1/4개, 대파 1/2대, 마늘 2개, 박력분 200g

갈비 양념

술 1큰술, 간장 1큰술, 설탕 · 참기름 1작은술, 깨소금 2작은술, 후춧가루 약간, 물엿 1$\frac{1}{2}$큰술

1 갈비는 찬물에 담가 핏물을 뺀 다음 건져 물기를 제거한다.

2 양파와 대파, 마늘, 배는 껍질을 벗겨 물에 씻은 뒤 물기를 충분히 거두어 믹서기에 넣어 간다.

3 ②에 양념 재료를 넣어 골고루 섞은 뒤 물기를 제거한 갈비를 넣어 2시간 정도 잰다.

4 프라이팬에 기름을 약간 두른 뒤 ③의 고기를 넣고 굽는다.

cooking point 갈비는 찬물에 담가 핏물을 뺀 다음 냄비에 담고 물을 넉넉히 부어 푹 끓인 다음 식히면 위에 하얀 굳기름이 생긴다. 이때 체에 가제나 종이를 깔고 맑은 국물만 따라내면 손쉽게 기름기를 없앨 수 있다. 갈비에 붙은 기름도 식은 후 떼어낸 다음 끓이면 된다. 같은 방법으로 2~3번 기름기를 걷어내면 맑은 갈비 국물을 만들 수 있다.

1

2

3

4

5

1 갈비는 찬물에 담가 핏물을 뺀다.
2 양파, 대파, 마늘, 배는 물기를 거둬 믹서에 간다.
3 ②에 양념 재료를 넣어 골고루 섞는다.
4 ①의 갈비는 기제로 닦아 물기를 거둔다.
5 ④는 ③의 소스에 넣어 2시간 정도 잰다.

PART 3 해물로 만든 스태미너요리

새우케첩조림

재료와 분량 | 4인분

중하 400g, 참기름 1큰술, 녹말가루, 맛술 약간씩

튀김옷

달걀흰자 1/2개, 녹말가루, 물(육수) 3큰술씩

케첩소스

토마토케첩 4큰술, 마늘 1쪽, 당근 1/3개, 마른 고추 · 양파 1/2개씩, 튀김기름 · 완두콩 · 후춧가루 · 설탕 1큰술씩, 녹말가루, 물

1 새우는 내장을 빼고 깨끗이 씻어 머리와 꼬리를 잘라낸 다음 데쳐 껍데기를 벗기고 준비한다.

2 마늘은 납작하게 저며 썬다.

3 양파와 당근은 사방 2cm 크기로 네모나게 썬다.

4 마른 고추는 둥글게 썰어 준비한다.

5 데친 새우에 맛술을 조금 넣어 비린내를 제거한다.

6 분량의 재료를 섞어 튀김옷을 만든다.

7 손질한 새우는 마른 녹말가루를 가볍게 묻힌 후 튀김옷을 입혀 160~170℃의 기름에 바삭하게 튀겨낸다.

8 팬에 열이 오르면 기름을 두르고 먼저 마늘을 볶아 향을 내고 양파, 당근을 넣어 볶는다.

9 ⑧에 튀긴 새우와 분량의 토마토케첩, 설탕, 후춧가루, 완두콩, 마른 고추, 물 3큰술을 넣고 살짝 볶는다.

10 녹말가루와 물을 같은 비율로 섞어 ⑨에 붓고 걸쭉해지면 골고루 뒤적거린다.

11 마지막으로 참기름을 넣고 버무려 접시에 담아 낸다.

1 데친 새우에 맛술을 넣는다.
2 새우는 녹말가루를 가볍게 묻힌 후 튀긴다.
3 케첩소스에 녹말물을 넣는다.

Confident Cooking
Confident Cooking
Confident Cooking
Soups
Confident Cooking

대하냉채

재료와 분량 | 4인분

대하 3마리, 죽순 1개, 배 · 당근 1/4개씩, 오이 1개, 다진 파, 마늘즙, 달걀 1개

잣즙

잣가루, 육수 4큰술씩, 소금 1작은술, 흰후춧가루 약간

1 꼬치로 새우의 내장을 뺀다.
2 김이 오르는 찜통에 대하를 찐다.
3 당근은 얇고 납작하게 썬다.
4 분량의 재료를 섞어 잣즙을 만든다.

1 대하는 내장을 빼고 손질한다.

2 오이는 직사각형으로 납작하게 썬 다음 소금에 살짝 절였다 꼭 짠다.

3 손질한 대하는 김이 오르는 찜통에 찐 다음 껍데기를 벗기고 길이로 2등분하여 어슷썬다.

4 죽순은 얇게 썰고 당근도 얇게 직사각형으로 썬 다음 마늘즙과 다진 파를 넣어 볶는다.

5 준비한 오이는 살짝 볶아낸다.

6 달걀을 지단으로 부쳐 배와 함께 다른 야채 모양으로 썬다.

7 잣가루와 분량의 재료를 섞어 잣즙을 만들고 대하와 야채, 지단을 무쳐 접시에 담아 낸다.

cooking point 잣은 한지를 깐 도마 위에 놓고 칼날로 보송보송하게 곱게 다져 잣가루로 만든다. 한지를 깔아 잣이 튀지 않게 한다.

문어전골

재료와 분량 | 4인분

문어 50g, 무 100g, 마 50g, 표고버섯 4개, 보리새우 1마리, 쇠고기 100g, 양파 1/2개, 실파 5대, 붉은 고추 2개, 육수 3컵(소금 1작은술, 간장 1작은술), 간장 2큰술, 설탕 1큰술, 다진 파 · 다진 마늘 약간씩, 소금 · 후춧가루 · 깨소금 · 참기름 약간씩

1 문어는 끓는 소금물에 넣고 데쳐서 어슷하게 얄팍하게 썬다.

2 보리새우는 등쪽의 내장을 제거한 후 머리와 꼬리를 떼어내고 껍질을 벗겨 포를 뜬다.

3 무는 가로 1cm, 세로 4cm 길이로 납작하게 썰고 생표고버섯은 채 썰어 준비한다.

4 실파는 깨끗이 다듬어 4cm 길이로 썬다.

5 마는 삼각썰기 하여 끓는 물에 데쳐낸다.

6 쇠고기는 채 썰고, 양파도 반 자른 후 채 썬다.

7 간장, 설탕, 다진 파, 다진 마늘, 소금, 후춧가루, 깨소금, 참기름을 섞어 양념장을 만든다.

8 문어와 쇠고기는 ⑦의 양념장으로 양념한다.

9 육수에 간장과 소금으로 간한다. 육수를 만들 때는 양지머리 200g에 대파 1대와 마늘, 생강을 넣고 물을 부어 끓인다.

10 전골 냄비에 양파와 쇠고기를 밑에 깔고 준비한 재료를 돌려 담은 후 육수를 부어 끓인다.

해물 카레밥

재료와 분량 | 4인분

쌀 2컵, 카레가루 2큰술, 오징어 1/2마리, 새우 4마리, 바지락조개 10마리, 양파 1/5개, 붉은 피망 1/2개, 푸른 피망 1/2개, 올리브유 · 소금 · 후춧가루 약간씩, 화이트와인 1큰술, 다시마 우린 물 2½컵

1 쌀은 씻어서 30분 정도 불린다.

2 오징어는 깨끗이 씻어 껍질을 벗겨 안쪽에 사선으로 칼집을 넣고 한입 크기로 먹기 좋게 썬다.

3 새우는 등쪽에 꼬치를 찔러서 내장을 제거한 후 깨끗하게 손질해서 준비한다.

4 바지락은 소금을 넣은 물에 담가 어두운 곳에 두어서 해감을 토하게 한다.

5 붉은 피망, 푸른 피망은 반으로 갈라 속을 파내고 먹기 좋은 크기로 작게 썬다.

6 양파는 반으로 잘라서 한입 크기로 썬다.

7 냄비에 올리브유를 두른 뒤 불린 쌀과 오징어, 새우, 바지락을 함께 넣고 볶다가 화이트와인을 뿌린다.

8 ⑦에 양파를 넣고 살짝 볶은 후 카레가루를 넣고 볶다가 소금, 후춧가루로 간한 다음 다시마 우린 물을 부어서 밥을 짓는다.

9 끓으면 불을 줄인 뒤에 피망을 넣고 뜸을 들인다.

묵은쌀로 밥을 지을 때 가장 고민되는 부분이 묵은쌀에서 나는 특유의 냄새다. 이때 카레가루처럼 향이 강하고 밥과 잘 어울리는 재료를 넣으면 냄새도 없애고 맛있는 밥도 지을 수 있다. 카레가루 대신에 녹차가루를 이용해서 녹차밥을 지어도 좋다.

PART 4 남편 위한 별미건강요리

닭간두부볶음
통북어찌개
메기매운탕
장어탕
양탕
추어탕
삼색수삼말이
돼지족간장조림
장어구이
편육보쌈
마전
양곱창구이
간스테이크
내장볶음
육회
인삼튀김
내장전

장어구이

재료와 분량 | 4인분

장어 1마리, 생강 · 깻잎 약간씩

구이 간장

다시마물 5큰술, 간장 3큰술, 조미료술 3큰술, 설탕 1½큰술, 생강 1/2개

1 장어는 등 쪽에 길이로 칼집을 넣어 한 장으로 넓적하게 편 다음, 칼로 가시를 제거한다.

2 가시를 제거한 장어는 내장과 머리를 자르고 젖은 헝겊으로 깨끗이 닦아 수분을 제거한다.

3 냄비에 다시마물, 간장, 조미료술, 설탕, 생강채를 넣고 약한 불에서 오래도록 끓여 걸쭉한 구이 간장을 만든다.

4 ②의 손질한 장어는 7~8cm 길이로 자른 후 열이 오른 찜통에서 5분 정도 찐다.

5 석쇠에 찐 장어를 놓고 구이 간장을 바르면서 굽는다. 이런 과정을 3~4번 반복한다.

6 생강은 곱게 채 썰어 물에 담갔다 건진다.

7 접시 위에 장어를 놓고 구이 간장 약간을 얹고 깻잎 위에 채 썬 생강을 곁들인다.

편육보쌈

재료와 분량 | 4인분

돼지고기(사태) 600g, 대파 2대, 마늘 1통, 생강 3개, 커피 1큰술, 배추 1/2통, 무 300g, 배 1/4개, 밤 4개, 미나리 30g, 잣 1큰술, 새우젓 2큰술, 고춧가루 6큰술, 설탕 1큰술, 다진 마늘 1큰술, 대파 1/2대, 생강즙 약간

1 돼지고기는 사태로 준비한 후 실로 묶는다.

2 대파는 큼직하게 썰고 마늘과 생강은 저민다.

3 냄비에 물 7컵을 붓고 끓으면 ①의 돼지고기와 대파, 마늘, 생강, 커피를 넣는다. 40분 정도 끓인 다음 물에 헹궈 얇게 썬다.

4 배추는 소금물(염도 15%)에 2시간 정도 절인 후 건져서 맑은 물에 헹궈 물기를 뺀다.

5 무는 5cm 길이로 채 썰고 배와 밤도 채 썬다.

6 잣은 고깔을 떼어내고 새우젓은 다진다.

7 미나리는 다듬어 5cm 길이로 자르고 파는 채 썬다. 마늘은 다지고, 생강은 즙을 낸다.

8 채 썬 무에 고춧가루로 물을 들이고 새우젓, 다진 마늘, 파, 생강, 설탕을 넣어 버무린 후 채 썬 야채와 함께 버무린다.

9 ④의 배추 사이사이에 ⑧의 김치소를 넣어 끼운 후 배추 밑동을 자르고 가지런히 한다. 3cm 폭으로 썰어 모양 있게 만든다.

10 그릇에 편육 썬 것과 ⑨의 배추쌈을 보기 좋게 담아 낸다.

내장볶음

재료와 분량 | 4인분

허파 300g, 오소리감투 300g, 염통 300g, 피망 1개, 당근 50g, 양파 1/2개, 양배추 50g, 대파 2대, 마늘 1통, 고추기름 2큰술, 고춧가루 1작은술, 생강즙 약간, 다진 마늘 1큰술, 소금 · 후춧가루 약간씩

1 내장은 깨끗이 손질하여 물에 담가 핏기를 충분히 뺀 후 끓는 물에 파와 마늘, 생강을 넣고 삶아낸다.

2 삶은 내장은 건져서 5cm 길이로 어슷어슷하게 썬다.

3 피망은 반으로 갈라 씨를 털어낸 후 4cm 길이, 1cm 넓이로 썰고 당근, 양파, 양배추도 같은 크기로 썬다.

4 파는 채 썰어 준비한다.

5 팬에 고추기름을 두르고 당근, 양파, 양배추를 넣고 볶는다. 다진 마늘, 생강즙, 고춧가루와 내장을 넣고 볶는다.

6 소금, 후춧가루로 간을 한다.

cooking point 쇠고기 내장은 단백질, 무기질, 비타민 등이 살코기보다 풍부하고 소화 흡수율도 좋다. 내장은 윤기와 탄력성이 있고 빛깔이 선명한 것이 신선한 것으로 살코기보다 부패하기 쉬우므로 조심해서 고르도록 한다. 냉장고에 넣어 두어도 여름에는 하루, 겨울철에는 2~3일 정도밖에 신선도를 유지하기 어려우므로 구입 즉시 요리하여 먹는 것이 좋다.

A TAVOLA

육회

재료와 분량 | 4인분

쇠고기(우둔살) 200g, 배 1/2개, 잣가루 1큰술

쇠고기 양념

다진 마늘 2작은술, 생강즙 2작은술, 꿀 2작은술, 후춧가루 1작은술, 참기름 1큰술, 깨소금 2작은술

겨자즙

갠 겨자 1큰술, 설탕 2작은술, 소금 1작은술, 식초 2큰술, 배즙 2큰술

1 쇠고기는 기름기 없는 연한 살코기를 선택한다. 쇠고기의 물기를 닦아내고 결의 반대 방향으로 곱게 채 썬다.

2 다진 마늘, 생강즙, 꿀, 후춧가루, 참기름, 깨소금을 섞어 쇠고기 양념을 만든다.

3 ①의 채 썬 쇠고기에 쇠고기 양념을 넣고 한참 주무른다.

4 배는 채 썰어 준비한다.

5 갠 겨자 1큰술에 설탕, 소금, 식초, 배즙을 섞어 겨자즙을 만든다.

6 채 썬 배를 그릇에 깐 후 양념한 육회를 담고 잣가루를 뿌린다.

7 겨자즙과 함께 낸다.

cooking point 맛있는 육회를 먹으려면 쇠고기는 중간의 선홍색으로 윤기가 흐르며 고기의 결이 곱고 탄력이 있는 신선한 것으로 선택한다. 쇠고기는 정육점에서 알맞은 크기로 썰어 오는 것보다는 덩어리째 준비하여 요리하기 전에 바로 썰어 사용하는 것이 더욱 맛있는 육회를 만드는 비결이다.

인삼튀김

재료와 분량 | 4인분

수삼 4개, 쑥갓 30g, 당근 50g, 생표고버섯 2장

튀김옷

날갈 1/2개, 얼음물 1/2컵, 밀가루 1/4컵, 녹말가루 1/4컵

튀김 양념장

다시마물 1/2컵, 간장 2큰술, 설탕 2큰술, 조미료술 2큰술, 실파 · 무즙 · 와사비 · 식용유 · 레몬 약간씩

1 수삼은 칼등으로 살살 벗겨 씻어 4cm 길이로 납작하게 썰고 잔뿌리는 그대로 준비한다.

2 쑥갓은 잎으로 준비하여 김띠로 말아준다.

3 당근은 납작하게 썬다.

4 생표고버섯은 씻어서 갓 쪽에 칼집을 넣어준다.

5 수삼과 쑥갓, 당근, 표고버섯은 물기를 닦고 각각 마른 밀가루를 묻혀서 준비한다.

6 우묵한 볼에 달걀과 얼음물을 넣고 잘 섞어준 후 체에 친 밀가루와 녹말가루를 넣고 살살 섞어준다.

7 다시마물, 간장, 설탕, 조미료술, 실파, 무즙, 와사비, 레몬을 섞어서 튀김 양념장을 만들어 곁들인다.

8 ⑤의 수삼, 쑥갓, 당근, 표고버섯은 ⑥의 튀김옷에 담갔다가 180℃의 식용유에 넣고 튀긴다.

9 접시에 종이를 깔고 튀긴 수삼, 당근, 쑥갓, 표고버섯을 세워서 담고 튀김 양념장을 곁들인다.

내장전

재료와 분량 | **4인분**

간 200g, 부아 200g, 처녑 200g, 달걀 2개, 메밀가루 · 소금 · 후춧가루 · 생강즙 · 밀가루 · 우유 · 식용유 약간씩

초간장

간장 1큰술, 식초 1큰술, 설탕 1큰술

1 간은 신선한 것을 준비하여 막을 제거하고 얇게 썬다. 우유에 20분 정도 담가 냄새를 제거하고 물에 헹군 후 수분을 걷어낸다.

2 간은 소금, 후춧가루로 간한 후 메밀가루를 묻혀 열이 오른 팬에서 앞뒤로 노릇노릇하게 지져낸다.

3 부아는 냉수에 담갔다가 건진 후 끓는 물에 파, 마늘, 생강, 양파를 넣고 30분 정도 삶는다.

4 부아가 충분히 익으면 건져 0.3cm 두께로 썬다.

5 부아는 밀가루를 묻힌 후 달걀물을 입혀 열이 오른 팬에서 앞뒤로 노릇노릇하게 지져낸다

6 처녑은 한 자락씩 떼어내고 밀가루와 소금으로 박박 문질러 씻는다. 물에 씻은 후 끓는 물에 잠시 데쳐 검은 표피를 벗기고 깨끗이 닦은 후 칼집을 넣어준다.

7 처녑에 소금, 후춧가루, 생강즙으로 간한 다음 밀가루, 달걀물에 담갔다 건져 팬에서 앞뒤로 노릇노릇하게 지져낸다.

8 ②, ⑤, ⑦을 먹기 좋은 크기로 썰어 그릇에 담고 초간장을 곁들인다.

찾아보기

웰빙건강

다이어트요리

1판 1쇄 인쇄 2007년 7월 10일
1판 3쇄 발행 2011년 8월 20일

발행인 _ 박경준
발행처 _ 글로북스
주소 _ 서울특별시 마포구 서교동 444-15
대표전화 _ 02-332-4327
팩스번호 _ 02-3141-4347
등록번호 _ 제15-522호
등록일 _ 2001년 7월 2일

푸드스타일리스트 _ 조수연
콘텐츠 제공 _ 29콘텐츠 스튜디오

기획 _ GNB기획
디자인 _ 김영숙
필름출력 _ 노벰버프린팅
인쇄 _ 신화인쇄